MANUAL DEL EMPRESARIO Y EL EMPRENDEDOR

Una guía simple para sobrevivir en los negocios

DEDICATORIA

A mi esposa Alejandra, a mis hijos Juan Pablo y Mariana a mi madre Cristina a mi hermano Víctor y a mi padre Jaime, por cuyo amor vibro cada día.

A mi socio Daniel cuya tenacidad para emprender he compartido estos últimos años.

INTRODUCCIÓN Y RESEÑA

Este libro es para aquellos que quieren pasar de hilvanar una idea a definir un modelo de negocio, del miedo a emprender al entendimiento del riesgo, de la inmovilización a la ejecución.

Para comprender que crear un negocio rentable y sostenible no es tan difícil como se ha pensado y que basta con tener sentido común y disciplina.

En el contexto de mercado actual basado en la tecnología, se puede crear empresa sin morir o quebrar en el intento.

La revolución digital, de la que también se hablará aquí, ahora nos permite desarrollar a pequeña escala y determinar si existe posibilidad para convertir ideas en negocios. Esta revolución ahora nos pone en capacidad de enfrentar los mercados de una manera directa, en la que probar y aprender rápidamente es el nuevo juego competitivo.

De esto amigos, se trata: **Manual del Empresario y el Emprendedor**.

EL EMPRESARIO

¿Qué se necesita para ser un Emprendedor?

Solo se necesita tener una buena idea y la convicción de probar si funciona. No hay condiciones especiales, ni habilidades de superdotado para desarrollar un negocio sostenible. Hay varios ejemplos de personas que se han convertido en empresarios exitosos sin haber pasado por la universidad, de hecho, muchos de los empresarios más inspiradores local y mundialmente no fueron los mejores en la escuela o no son profesionales. No existe una correlación alta y directa entre el éxito académico y el éxito empresarial (Steve Jobs, Mark Zuckerberg, Thomas Edison, Amancio Ortega, Bill Gates, entre otros); pero si existe una correlación directa entre el éxito, la disposición por aprender y la pasión. Lo anterior, no quiere decir que la preocupación por la educación y la formación no sean importantes; lo contrario, una buena educación entrega herramientas que la personalidad emprendedora utilizará en beneficio del negocio.

Existe una metáfora que oí de uno de mis mejores profesores en el MBA, que indica que si se quiere ser rico, existen pocas maneras para llegar a serlo: nacer rico, casarse con un rico, ganar la lotería, hacer negocios ilícitos (Pablo Escobar), tener un gran talento (Messi o Shakira), o *ser empresario*. No hay ninguna forma más, no la busque.

Existe un factor común en todas las personas que han conseguido éxito en sus carreras, incluso para los talentosos, y es la determinación; esa terquedad de creer su propia historia, que su propósito y que sus sueños son posibles y persistir hasta obsesivamente hacerlos realidad. En este camino habrán muchos ángeles que apoyarán y otros escépticos a los cuales habrá que escuchar, aprender y continuar; pero de lo que se trata este escrito es de entender si la idea que tengo o siempre he tenido, tiene una posibilidad de convertirse en un modelo de negocio, y si así lo creo, utilizar esa propia terquedad como disciplina de ejecución para llevarla a la realidad.

MODELO DE NEGOCIO

Al momento de iniciar la escritura de este libro, estoy en un avión, regresando a Bogotá de ver el modelo de negocio de una de las cadenas de Retail más grandes y antiguas de Latinoamérica, la cual se viene preparando hace casi 20 años, incluso sin saberlo, para dar una batalla épica en esta industria y es pelear con el 'Invasor" Amazon por el mercado Brasileño. Creo que nadie quisiera batallar con un gigante, la mayoría preferirían evitarla de ser posible. Lo realmente asombroso para mi fue que esta cadena de Retail entendió hace muchos años que su modelo de negocio cambiaría con el tiempo y que ya no sería más una empresa de tiendas por todo Brasil sino una **compañía de tecnología que utiliza sus tiendas y centros de distribución dispersos en todos el país como un diferencial logístico (Oportunidad) y de acercamiento humano con sus clientes (Servicio)**.

Todo inició cuando los fundadores decidieron en los años 90 crear una figura que denominaron las *Tiendas Virtuales*; que consiste en que los clientes iban a pequeños locales, generalmente en sitios apartados del país, y veían los productos que deseaban adquirir (Televisores, Lavadoras, Neveras, etc.) a través de pantallas de video y con una explicación de las características por parte de un asesor comercial. Las tiendas virtuales no solamente ofrecían productos de tecnología, sino que ayudaban a los clientes dándoles crédito, pero sobre todo, acercándose a ellos y confiando en ellos.

Con el tiempo esta idea fue tan exitosa, que no solo fue el primer paso para la transformación de la compañía sino que las ventas a través de tiendas virtuales sumadas a las que hoy en día se realizan por la Web, representan casi la mitad de las ventas totales de la compañía. Es así como, esta cadena ha estructurado un laboratorio digital de más de 400 ingenieros y expertos en nuevas tecnologías que han reemplazado la tradicional área de Sistemas, lo cual les confieso fue lo que me hizo más feliz, liderados por un intraemprendedor menor de 40 años, un líder callado pero al mismo tiempo carismático, empoderado y consciente de la gran responsabilidad de transformar la compañía y de construir el arsenal tecnológico para la lucha por el mercado de retail en la web.

La razón por la cual he narrado esta historia es porque permite introducir qué es un Modelo de Negocio y además declarar lo volátil que es este concepto en tiempos de la Revolución Digital.

Entender el modelo de negocio en el que se desarrolla o va a desarrollar la idea, permite al emprendedor establecer cuales son las habilidades que debe tener y elegir los diferenciales con los que va a competir.

Entender en que Modelo de Negocio está o va a estar requiere resolver algunas preguntas claves, que le dan vida a este libro.

¿VOY A VENDER UN PRODUCTO O SERVICIO? ¿ES UN TANGIBLE O INTANGIBLE?

Si lo que voy a vender es un producto tangible, debo comenzar por definir si yo mismo lo voy a producir o si voy a ser un distribuidor. Igual ocurre si lo que voy a vender es un servicio; lo voy a prestar yo o lo prestará un tercero, en cuyo caso me convierto en un asesor de servicios.

Veamos donde puedo ubicar el modelo de negocio en función del tipo de producto/servicio.

Producto Tangible - Fabricante

En este caso debo estar consciente que desde el principio gran parte del éxito del emprendimiento depende de las habilidades que pueda desarrollar para la producción de este producto, en términos de economías de escala, calidad, eficiencia, renovación tecnológica, uso de los recursos financieros, entre otros. En este cuadrante están los fabricantes.

Producto Tangible - Distribuidor

En este caso se venden los productos que producen otros y toda la presión en los resultados del negocio estarán concentrados en las habilidades comerciales y de mercadeo. Se debe entender si la responsabilidad por el mantenimiento de inventarios del producto está a cargo del productor o del distribuidor.

Lo más recomendable es dejar la responsabilidad del inventario al productor, para minimizar riesgos de inversiones en capital de trabajo.

En esta clasificación se encuentran todos los intermediarios o distribuidores de productos que otros fabrican o importan en grandes cantidades. En este caso se considera que la empresa es parte de los canales o fuerzas de ventas del fabricante o importador.

Producto Intangible - Prestador de Servicios

Las capacidades de gestión de la empresa o emprendimiento tienen que ver con la manera en que se organiza la empresa para prestar los servicios y gran parte del éxito no solo depende de la capacidad técnica de la prestación sino de la actitud y el compromiso con el que se hace.

Lo relevante para este tipo de compañías, es el entendimiento de que el éxito del negocio depende en gran parte del como presto el servicio y a través de quienes. Este tipo de compañía son para quienes poseen esa vocación incansable de servicio y ayudar a otros.

Producto Intangible - Asesor de Servicio

Este es el cuadrante de menor riesgo posible, en términos de capital o inversión, pero el que requiere las mayores habilidades comerciales, pues lo que vendo es un intangible y el encargado de la prestación del servicio es otro. Normalmente en este sitio se ubican los corredores de seguros, de inversiones, entre otros.

¿En qué debo ser el mejor según el tipo de negocio?

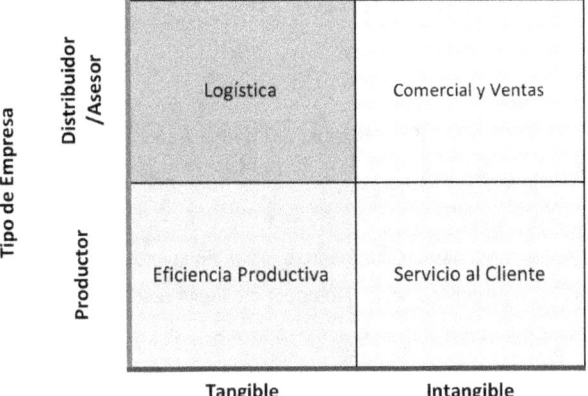

Diagrama 1.

¿ES UN PRODUCTO O SERVICIO NUEVO? ¿VOY A COMPETIR CON OTROS QUE HACEN LO MISMO?

SI HAY OTROS HACIENDO LO MISMO O ALGO SIMILAR: ¿Quiénes son? ¿Cuáles son sus fortalezas y debilidades?

Generalmente tendemos a pensar que nuestro producto/servicio es nuevo en el mercado o que va a solucionar alguna necesidad que nadie más está resolviendo. La verdad sea dicha, es que la mayoría de emprendimientos son variaciones o básicamente son los mismos productos o servicios que empresas que operan actualmente están entregando al mercado.

Cuando el producto/servicio es realmente nuevo (innovador disruptivo)

Aunque aparentemente se puede pensar que un producto/servicio nuevo tiene más posibilidades de ser exitoso, en la realidad es mucho más difícil hacerlo, pues en este caso, los principales desafíos estarán en comunicar al mercado que existe un producto/servicio que solucionará algo a alguien que en la mayoría de los casos no sabia que necesitaba.

Las competencias y habilidades de mercadeo estarán orientadas entonces a saber llegar al cliente cuando justamente tenga la necesidad de comprar nuestro producto o servicio o en saber comunicar de manera efectiva la hipotética forma en que nuestro producto/servicio resolverá la eventual necesidad.

Generalmente, este segmento requiere mayores inversiones en comunicación y publicidad.

Definir estrategia/fuerzas de ventas será una labor de gran desafío pues no existe experiencia previa en el mercado.

Se requiere que la empresa o emprendimiento mantenga su capacidad de innovar de manera permanente, por cuanto, si el negocio es exitoso, la competencia no tardará en llegar.

Vean el ejemplo de UBER: fue totalmente disruptivo al inicio, tuvo que invertir millones de dólares en publicidad y logro consolidarse. Ahora tiene bastante compañía en la mayoría de mercados: Cabify y Beat son algunos ejemplos. ¿Para donde irá esta guerra? ¿Mejores precios para los pasajeros? ¿Mejores márgenes para los Conductores?

Cuando el producto/servicio es una variación de alguno actual (diferencial)

La mayoría de emprendimientos o incluso nuevos productos/servicios de grandes compañías caben aquí. En muchos casos no se trata de inventar la rueda nuevamente, sino de encontrar oportunidades en mercados existentes.

En este caso los mercados ya son conscientes de la necesidad de uso del producto/servicio y de lo que se trata aquí es demostrar como nuestra variación resuelve las fricciones actuales para hacer que los clientes cambien y compren nuestro producto/servicio.

En este cuadrante:

- Los competidores reaccionarán rápidamente a nuestros ataques e incursiones por conquistar sus clientes.
- Es más fácil definir estrategia/fuerza de ventas, pues ya existe la experiencia en el mercado.
- Si se entra a estos mercados, lo más sensato es hacerlo en los de alto crecimiento.

Vale la pena identificar una variación de esta categoría y es cuando los productos/servicios son exactamente los mismos, pero la variación se realiza desde el punto de vista el canal de distribución. Generalmente se crean grandes oportunidades cuando productos consolidados y tradicionales se venden por canales que no se han utilizado antes. Los canales digitales han dado cuenta de grandes éxitos en esta materia y todavía hay mucho por hacer en muchas industrias. Tal fue el caso de Dollar Shave Club, cuyo único canal de ventas para las tradicionales cuchillas de afeitar fue internet. Esta combinación de un nuevo canal, buen precio y un sorprendente programa de comunicación, generó un negocio multimillonario que hizo temblar al poderoso Gillette, quien terminó comprando la marca y la nueva compañía.

Cuando el producto/servicio es muy similar a algo que ya existe (commodity)

Generalmente es el cuadrante o segmento menos recomendado pues la competencia es hostil y frecuentemente los compradores deciden casi exclusivamente por precio. La única forma para permanecer de forma exitosa en un mercado como este, es tener los mejores costos y/o tener acceso a algún tipo de exclusividad empresarial o territorial por un periodo de tiempo determinado. Los bajos márgenes son el común denominador y los equipos humanos de mayor rotación y menores habilidades son típicamente los que se encuentran aquí. No obstante todo lo anterior, son tantos los problemas de servicio y calidad en los mercados actuales que siempre se encontrarán oportunidades, incluso en este cuadrante.

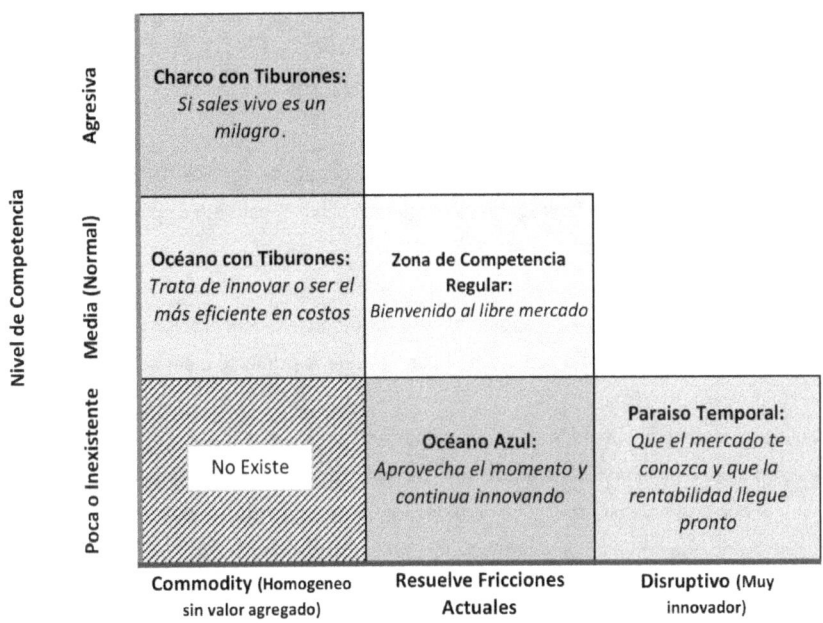

Diagrama 2.

Lo más relevante de este capítulo es que el empresario debe saber intuitivamente, en que cuadrante se encuentra, pues de esto depende la manera en la que la estratégicamente se va a plantear el marco competitivo del negocio y su empresa.

¿EL PRODUCTO O SERVICIO DEBE TENER ALGÚN ATRIBUTO O DIFERENCIAL QUE PUEDA DISTINGUIRSE EN LA CATEGORÍA EN LA QUE VOY A COMPETIR?

Esta es la punta de lanza clásica de cualquier estrategia de negocios. Se trata de responder básicamente a la pregunta, ¿porqué los clientes estarían dispuestos a pagar por este producto/servicio?

La respuesta generalmente se encuentra entendiendo cual es el problema que mi producto/servicio resuelve o cual es la necesidad que el producto o servicio crea.

Muchas veces la respuesta también esta asociada a cual es la fricción que el producto o servicio evita o elimina. Sin esta razón de ser, el emprendimiento no tendría sentido alguno, pues de este diferencial se va a desprender no solo el desarrollo del producto o servicio sino que se va a sustentar toda la estrategia comercial, mercadeo y comunicación. Quizás esta sea la piedra angular del éxito del negocio y el único paso que debe estar claro antes de iniciar con el proyecto, sin importar que con el correr del tiempo ese diferencial se transforme.

Ejemplos clásicos de diferenciación para inspirarse:

Walmart: El precio más bajo, siempre.
Mercedes Benz: Prestigio.
Head & Shoulders: Innovación permanente para todo tipo de cabello.
Mc Donalds: Comida realmente rápida (60 segundos)
Dominos Pizza: Su domicilio en 35 minutos o es gratis.
Apple: Diseño y tecnología de vanguardia.

Hay que tener en cuenta que la diferenciación no es exclusiva en el producto o servicio; puede ser que los atributos de producto sean los mismos, pero con un servicio diferencial y que en esto consista el emprendimiento. Esta idea es totalmente valida y vemos que en casi todas las industrias hay oportunidades para hacerlo: mejorar la experiencia. El secreto aquí es como mantener la pasión del servicio cuando la empresa crece, pero eso será materia de otro libro.

ESTUDIOS DE MERCADO, ¿SE NECESITAN ANTES DE INICIAR? ¿CUÁL DEBE SER LA POSICIÓN DE UN EMPRENDEDOR?

Creo que lo más simple, es dejar los costosos estudios de mercado a las grandes compañías. Para iniciar un negocio, el emprendedor, puede investigar y tener alguna estimación del tamaño de Mercado donde va a incursionar. La tecnología e internet simplifican las cosas.

Cosas que un emprendedor debería entender:

- Cual es el valor total de las ventas que de los mismos productos o servicios realiza el mercado (competidores), ya sea a nivel país o a nivel territorial y tener una medida lo más consistente posible de como va evolucionando el negocio en el que estoy o que voy a operar.
- Como crece el mercado en el que estoy y como crece mi compañía.
- Cuales son los precios y la oferta de valor del mercado.

Es lo mínimo que se debe saber. Creo que esta es una función fundamental e indelegable del Emprendedor, pues es este quien no debe perder la sensibilidad de lo que está pasando en el mercado en el que se mueve. Es así de simple: se trata de saber en donde se ubica mi negocio.

Piense en algo tan simple como iniciar un negocio de comidas rápidas en una zona residencial:

- ¿Cuántas personas aproximadamente viven cerca al local?
- Basados en la experiencia y el sentido común, ¿Qué características tienen las personas que consumirían mi producto? —>Segmento

- Tomando en cuenta la participación de estos segmentos en mi ciudad o país, ¿Cuál es el potencial de consumos por día que harían esas personas? —> Mercado Potencial.
- ¿Cuántos locales similares o posibles competidores hay en la zona? —> Observación
- ¿Cuáles son los productos actuales que se ofrecen? ¿Cuáles son sus precios? —> Estudio comparativo
- Si hay otros locales exitosos, ¿a que se les atribuye el éxito? —> Experiencia y sentido común.

Dar respuesta a preguntas cómo estás, es realizar un mínimo pero viable estudio de mercado que no cuesta millones.

¿HAY QUE IR A PREGUNTAR A LOS CLIENTES QUE ES LO QUE QUIEREN ANTES DE LANZAR EL PRODUCTO O SERVICIO?

Esta es lo que llamaría una "pregunta capciosa" Pues existen muchos casos que demuestran que lo mejor es validar antes de lanzar y existen miles de casos en los que ha sido mejor anticipar. Durante cientos de años, la sociedad empresarial ha invertido miles de millones para la realización de estudios de mercado para la introducción de nuevos productos en diferentes industrias como las de Mercadeo Masivo, Automotriz, etc. Fallos legendarios como el touchPad de Hewlett Packard, el Shampoo Yogurt de Protect & Gamble, el muñeco "Ken con Aretes" de Mattel, la hamburguesa Arch deluxe de Mc Donalds o el Porsche 928 en la industria automotriz son casos sustentados plenamente en estudios profundos realizados por estas compañías.

Por otra parte, compañías como Apple con su producto estrella iPhone prefirieron anticipar las necesidades de sus clientes antes que realizar costosos estudios de mercado.

La realidad para lo emprendedores de carne y hueso actuales es más positiva, pues las nuevas metodologías de trabajo y las tecnologías de la información nos permiten probar productos mínimos viables antes de realizar grandes inversiones y poner en juego todo.

Podemos medir como los mercados objetivos reaccionan frente a nuestras ofertas de valor y llegar al punto más cercano al cierre de venta sin tener aun el producto final. También podemos desarrollar productos o servicios mínimos viables y probarlos con pocos clientes para ir determinando cuales son las mejoras incrementales de mayor prioridad e irlas desarrollando a un ritmo posible para el emprendedor. Solo miren un poco atrás en el tiempo y recuerden como eran las plataformas de servicios de Instagram, Spotify, Mercado Libre y se darán cuenta que ellos iniciaron con poco, muy poco.

La frase favorita de la infinidad de nuevas compañías del mercado Chino es "Test and Learn", ponga a prueba y aprenda, luego haga los cambios, continue invirtiendo incrementalmente, ponga a prueba y aprenda y haga lo mismo en un ciclo infinito de mejora de su producto o servicio.

Al final, los únicos que pueden validar si su idea funciona, son los mercados. No sus familiares, amigos o inversionistas.

¿QUIÉNES Y CUÁNTOS SERÁN MIS CLIENTES?

¿Voy a vender a empresas o a personas?
¿Es un negocio en el que debo vender masivamente muchos productos o pocos productos durante el año?

La configuración de la empresa depende de quien es su cliente y cuantos son sus clientes. Píense en esto: no es lo mismo un negocio en el que hay 10 grandes clientes importantes en donde casi todos serán atendido por el Gerente General; que una compañia masiva que tiene miles de clientes con valores de compras promedio bajas.

La forma en que se debe organiza una empresa y otra es totalmente distinta:

La primera, debe tener un equipo de muy alto nivel para administrar la relación con esos pocos clientes y quizás para conseguir algunos nuevos; en este caso la relación con los pocos clientes podría estar bajo el mando del emprendedor.

En el segundo tipo de empresa (muchos clientes) el enfoque del trabajo debe estar pensado en crear el SISTEMA (conjunto de procesos, tecnología y seres humanos) que administrarán la relación con muchos clientes y los métodos para conseguir nuevos.

Son dos enfoques totalmente distintos; los consultores tradicionales suelen llamar al primer modelo B2B2C (Business to business to Customer) y al segundo B2C (Business to Customer). Aquí evitamos utilizar los términos de consultores pero es bueno saber de su existencia.

En la industria aeronáutica, se ve muy clara la diferencia entre estos tipos de compañía. Rolls Royce y General Electric son fabricantes de turbinas y tienen muy pocos clientes que son los fabricantes de aviones: Boeing y Airbus (principalmente). A su vez, estos fabricantes tienen decenas o cientos de clientes que son las aerolíneas; y las aerolíneas tienen miles o millones de clientes que son los pasajeros. Compañías totalmente distintas en la misma industria.

¿CÓMO DEBO COMUNICAR LA EXISTENCIA DEL PRODUCTO/SERVICIO AL MERCADO?

¿Cuál es o será la manera más eficiente para promocionar mi producto/servicio? ¿Debe ser un canal de comunicación Masivo o Dirigido?

Como podrán ver ahora, todas las respuestas a cada pregunta clave están cada vez más relacionadas con las anteriores. La estrategia de comunicación es algo fundamental en el éxito de un emprendimiento o empresa, porque de nada vale tener un buen producto/servicio o un diferencial claro, si no soy capaz de hacerle saber al mercado posiblemente interesado, lo que tengo.

En este punto empezamos a hablar de nuevos riesgos, pues los costos de comunicación se constituyen en parte de la inversión y en dinero que el emprendedor puede perder si el negocio no funciona como se espera. Tiene tremenda importancia dejar claro que la comunicación de la que vamos a hablar, ¡es la comunicación para vender!, es decir, no estamos hablando de la comunicación para posicionar nuestra marca. Es por todo lo anterior, que estamos llegando aquí a una de las partes más importantes en el trabajo empresarial, sobre el cual ahora se desprenden varias reflexiones nuevas:

- ¿A quien debo entregar el mensaje (s)?
- ¿Cual es el mensaje (s) que debo entregar?
- ¿A través de que canales debo comunicar para hacer más eficientes las inversiones en comunicación? ¿Puedo trabajar solo o debo buscar aliados que me ayuden a desarrollar y desplegar la estrategia de comunicación?

¿A quien debo entregar el mensaje?

Una vez entendida cual es la necesidad que voy a resolver o crear, ya a esta altura del ejercicio debería ser posible definir a quienes debería dirigir la comunicación sobre el producto/servicio y sus diferenciales. Entre más especifica sea la descripción de los públicos objetivos de comunicación, menor será el riesgo de malgastar el dinero invertido. A través del marketing digital de redes sociales ahora es posible llegar a públicos objetivos bien delimitados en términos demográficos, de preferencias, de ingresos. Aunque en algunos casos esto pueda tener un mayor costo, va a permitir entender la respuesta que esta teniendo la comunicación de mi producto en un segmento especifico de clientes potenciales.

Un empresario que está naciendo debe evitar pensar en estrategias de publicidad y comunicación masiva, pues son inciertas, costosas y muy difíciles de medir. Este tipo de estrategias debe dejarse para compañías maduras y con altos presupuestos publicitarios.

Para el caso de modelos de negocio en donde mi cliente sea otra empresa, se debe tener siempre en cuenta que existen los influenciadores y tomadores de decisiones dentro de las organizaciones, y que deben desarrollar estrategias de comunicación para ambos.

La buena noticia en este paso es que con las nuevas tecnologías de información es más fácil llegar al publico objetivo que se estableció en el emprendimiento.

¿Cual es el mensaje que debo entregar?

En este punto prefiero ser simple y dejar el trabajo de redacción a los expertos; sin embargo, desde el punto de vista estratégico, un mensaje adecuado debe:

1. Ser llamativo y/o creativo
2. Explicar el diferencial, lo que resuelve. La necesidad que crea.
3. Debe ilustrar los atributos del producto/servicio
4. El lenguaje debe ser acorde al publico objetivo al que se dirige.

Miremos ejemplos de algunos mensajes poderosos:

Servicios   Producto

Parece fácil pero es un verdadero arte.

Hay buenas noticias, el impacto de la comunicación en las audiencias ahora también puede ser medido gracias a las nuevas tecnologías de la información. Podemos probar y aprender e invertir solo en los mensajes de mayor eficacia probada en las fases piloto.

¿A través de que canales debo comunicar para hacer más eficientes las inversiones en comunicación?

Para continuar simplificando las cosas, vamos a clasificar los canales de comunicación en los siguientes tipos:

Publicidad Tradicional en Medios Masivos de Comunicación

Muchos van a oír lo que tengo para decir, pero pocos van a escuchar. Es la publicidad tradicional a través de prensa, radio, televisión, que invita a los clientes a consumir los productos/servicios que la empresa ofrece. Está diseñada para productos masivos, en la mayoría de los casos para competir por precio, para grandes presupuestos publicitarios. No es el escenario recomendable para la mayoría de emprendedores. Es muy difícil o casi imposible medir la efectividad real.

Publicidad Digital Masivo

Se parece mucho a la anterior y consiste en la disposición de anuncios en medios masivos digitales. Se pueden segmentar un poco mejor las audiencias por las preferencias de uso de los sitios web, aunque mantiene las mismas características y restricciones de la publicidad masiva.

Publicidad Digital Dirigida

Consiste en la comunicación de mensajes digitales a audiencias previamente segmentadas, invitándolos a comprar/conocer los productos/servicios, llamar a una línea de servicio, visitar una pagina web o un sitio de comercio electrónico. Esto es posible, porque los usuarios han realizado suscripciones a redes sociales o a medios de comunicación con los que han decidido compartir información. Suelen tener una mayor posibilidad de medir los resultados y son la primera opción para hacer comunicación masiva a un precio más o menos razonable para un emprendedor o una PYME.

Como punto a favor tiene que muchos posibles clientes se enterarán de la oferta, pero depende del poder del mensaje y de la experiencia que se diseñe para cerrar la venta, su efectividad.

Los propietarios de la red social o del medio (Facebook, LinkedIn, NY Times, etc.), siempre ganan.

También cabe en esta categoría las campañas de email marketing o envío masivo de correos electrónicos, que aunque tienen muy baja efectividad, funcionan para algunas industrias.

Activación de Marca Tradicional BTL(below the line)

Se realizan físicamente en lugares públicos como centros comerciales, plazas, calles. Típicamente se hacen cosas como entrega de volantes, montaje de stands y centros de experiencia de los productos/servicios, entrega de muestras, pruebas u otras acciones creativas. Ha sido muy usado para la apertura de nuevos puntos de ventas o locales comerciales de comidas, ropa o de servicios. Se puede medir la efectividad de la actividad de BTL durante el evento y algunas mediciones de lealtad sobre los clientes que probaron por primera vez nuestros servicios y se volvieron recurrentes. Suelen ser costosos y la recuperación de la inversión se realiza con dificultad. Excepto que se defina un plan de lealtad o de referidos (masificación), que conlleve a que muchos clientes, más de los que pueden asistir al evento, se informen del producto/servicio. Desde nuestro punto de vista es poco recomendable.

Inbound Digital

Esta estrategia se la debemos a Google y a los buscadores de contenidos en Internet. Consiste en que las personas que ya están interesados en asuntos relacionados con el producto o servicio que ofrecemos, o incluso quienes directamente necesitan recibir una propuesta o explicación del servicio, aparecen en los primeros lugares de búsqueda y pueden acceder a nuestra pagina web (o landing site, más adelante hablaremos de esto), y podrán contactarse de manera directa o indirecta con nuestro equipo de ventas o sitio de comercio electrónico. De todas las anteriores estrategias esta es la más costosa pero también la más "caliente", pues estaremos hablando directamente con clientes interesados en lo que ofrecemos.

Inbound Digital a través de Marketing de Contenidos.

Es quizás la estrategia más difícil, pero de mayor rentabilidad. Consiste en convertirse en un referente de conocimiento en la industria en la que se mueve la empresa, de tal forma que los potenciales clientes llegan a nosotros de manera digital, como consecuencia de una búsqueda de información en la red. En este sentido, no tuvimos que pagar por conocer al cliente, pero si podemos entablar una conversación de negocios con el. Rentable, ¿no?. Lo difícil con este tipo de estrategia es convertirse en un generador de contenido relevante y actualizado para los interesados, lo que implica consolidar un equipo de desarrollo de conocimiento y comunicación con un enfoque distinto al puramente comercial.

¿Puedo trabajar solo o debo buscar aliados que me ayuden a desarrollar y desplegar la estrategia de comunicación?

Aunque los emprendedores y pequeños y medianos empresarios tienen a pensar que son capaces de hacerlo todo, es vital que en los asuntos relacionados con la definición de la estrategia de comunicación y ventas cuenten con aliados expertos que eviten cometer errores que ya han cometido otros y que incluso participen de la ejecución de la estrategia.

No se trata de delegar lo estratégico, se trata de tener las conversaciones correctas que mejoren la posibilidad de éxito del negocio con los aliados apropiados. Hay muy buenos aliados en los mercados. Dedique tiempo a elegir cual es el correcto para usted y su negocio.

Conclusiones sobre los canales de comunicación y su potencial uso en el mundo empresarial

Tarde o temprano la mayoría de industrias van a terminar pautando y comunicando a través de los canales digitales. Los dueños de estos canales masivos de comunicaciones (WhatsApp, Facebook, LinkedIn, entre otros) serán los nuevos dueños del mundo, así como en el pasado lo fueron los medios de comunicación tradicionales como prensa, radio y televisión.

La utilización de uno u otro medio de comunicación para los productos/servicios/ y diferenciales que se ofrecen, depende del tipo de industria en la que se esté, del precio promedio del producto, de la estructura y estrategia de la fuerza de ventas, etc. No existen recetas perfectas, pero si es posible hacerse las preguntas correctas para definir la mejor mezcla de canales por las que un determinado negocio debe inclinarse.

También es un hecho que en la era digital, la apertura a estrategias o tácticas de guerrilla para llegar a pequeños mercados o a nichos específicos de clientes es posible ahora casi para cualquiera y eso abre un mundo de oportunidades para emprendedores y empresarios.

Hay muchos casos y cada día aparecen nuevos casos exitosos.

¿CUÁL O CUÁLES DEBERÍAN SER LOS CANALES DE VENTAS?

Estando clara la estrategia de comunicación en términos de audiencia, mensaje y canales, entonces ¿Cuál o cuáles deberían los canales de ventas?

Como todos los puntos anteriores, son muchas las opciones y todas dependen del tipo de producto/servicio/diferencial del que se esté hablando. Vamos a hacer una descripción de los canales, desde los tradicionales, hasta los más modernos como los sitios electrónicos.

Local comercial o de mostrador

No necesita explicación. Se pueden vender productos tangibles o intangibles. Este tipo de canal de ventas siempre debe ser elegido con base en la ubicación y el tráfico. Para que haya recompra por parte de los clientes la estrategia no debe basarse solamente en calidad de lo que ofrezco, sino en como lo ofrezco: Servicio.

Red de Impulso para ventas TAT (tienda a tienda)

Fuerza de ventas encargada de convencer a los tenderos de poner en mostrador nuestro producto y de promocionarlo. Generalmente se necesita comunicación de apoyo por medios masivos para soportar al canal. Si no existe comunicación masiva será muy difícil escalar el negocio.

Grandes Superficies

La Fuerza de venta de la empresa debe convencer a las grandes superficies de poner el productos en sus góndolas. En este negocio la variable critica es la rotación de la mercancía y el uso del espacio en el canal. Generalmente los victoriosos no son únicamente los que tienen buenos productos sino los que tienen la mayor capacidad de hacer comunicación masiva. Se compite de manera agresiva por precio incluso con marcas blancas de las grandes superficies, sin embargo, generalmente se distribuyen productos de altos márgenes de producción.

Distribuidores o Mayoristas

Se debe tener a una fuerza de venta que convenza a los mayoristas de llevar nuestro producto a los puntos de venta o a los clientes finales. Gran parte del margen se lo lleva el distribuidor. Este tipo de canal es utilizado generalmente por los fabricantes y los grandes importadores.

Suele funcionar bien cuando mis habilidades como emprendedor tienen que ver más con la capacidad productiva que con la ejecución de una estrategia de mercado y ventas.

Fuerza de Ventas Directa (Vendedores de la empresa)

Son los vendedores de la empresa quienes llegan directamente a los clientes finales. Se basan en oportunidades que se generan a través de campañas, en bases de datos, por programas de referidos o simplemente, saliendo a buscar clientes a la calle. Todos los modelos de venta por catálogo trabajan con este modelo de negocio. Se requieren muy buenos esquemas de incentivos para la fuerza de ventas y márgenes brutos de producción altos que lo soporten.

Centro de Contacto Telefónico (Salida)

Similar al anterior pero por mecanismos de venta no presencial. Cada vez menos común y más difícil de desarrollar por las características de los consumidores actuales que tienden a aceptar menos ofertas telefónicas.

Piense en esto: a través de una campaña de ventas telefónicas hecha en frío, lo más probable es que su llamado sea inoportuno, lo que minimiza la probabilidad de cierre de venta o un posible acuerdo de cita de negocios.

Sitio Web (Landing Site) + Centro de Contacto Telefónico de Salida (o WhatsApp)

Los clientes interesados en los productos/servicios se registran en una pagina para ser contactados posteriormente por el equipo de ventas a través del teléfono o de mensajería instantánea para hacer el cierre de la venta.

Este tipo de canal depende totalmente de las campañas de comunicación que desarrolle la empresa, pues son estas quienes llevan a los clientes a las paginas web de registro.

Una vez los potenciales clientes están en nuestra página se debe hacer todo lo necesario para que su experiencia allí sea agradable, práctica y sencilla; y que de esta forma decidan dejar sus datos para continuar con el proceso de venta.

Sitio de Comercio Electrónico

Sitio Web desarrollado por la empresa en la que los clientes pueden de manera autónoma comprar los productos que se le ofrecen. Este tipo de proyectos son de mediano y largo plazo y dependen estructuralmente de las campañas de comunicación que desarrolle la empresa y de su sostenibilidad en el tiempo. Los conceptos son básicamente los mismos del punto anterior, pero con una diferencia, que consiste en que la venta se cierra en la misma página.

Normalmente las marcas que ya son exitosas en el mundo físico o real, deciden crear este tipo de sitios electrónicos para cautivar a los clientes más jóvenes que ya conocen la calidad de los productos. (ADIDAS, NIKE, Falabella, etc.)

En la mayoría de sitios de Comercio electrónicos existen chats de soporte en línea y en algunos casos, línea de soporte telefónico, pero la filosofía de este canal, es que los clientes de manera autónoma, realicen la compra.

Aspectos tan importantes como mantener actualizados los precios, inventarios, imágenes de los productos que se venden a través de la página son cruciales para el éxito.

Un emprendedor que decida que su estrategia de canal de ventas será exclusivamente un sitio de comercio electrónico, debe tener muy claro que debe hacer inversiones altas en comunicación y que debe asegurarse de tener un sistema de recomendaciones y referidos que lo haga ser sostenible en el tiempo.

Debe estar presente en la mente del empresario, de que manera el cliente va a conocer la calidad del producto sin haberlo probado físicamente y/o tener una política de devoluciones muy poderosa que de confianza a los primeros clientes.

Local en un Market Place

Implementación de un local digital en un Market Place reconocido como Amazon, Ali Baba o Mercado Libre en el que el posicionamiento del sitio y la confianza de los compradores está certificada. En caso de haber más oferentes del mismo producto que se ofrece, todo será una batalla de precios, mezclada con un poco de competitividad en tiempos de entregas y servicio.

Los Market Place son sitios de dura competencia, excepto que se tenga un producto exclusivo, un diferencial alto o el mejor precio.

Es una estrategia valida para nuevos emprendedores o emprendedores de tiempo parcial que no se atrevan aún a tener su propio comercio electrónico.

Si usted está leyendo este libro quiere decir que ha accedido a comprarlo a través de la librería más grande del Mundo, que es un Market Place: Amazon.

¿CÓMO ENTRENAR, MOTIVAR Y MEDIR LOS CANALES DE VENTAS?

Cuando los asuntos estratégicos, de producto, comunicación y mercadeo están definidos, lo más importante es la función de ventas. No es orgullo infundado el que los equipos comerciales de las compañías son lo más importante. Excepto que usted sea Apple en su mejor época; el equipo de ventas es como el agua para el cuerpo humano: vital, necesario y prioritario.

Incluso sin tener un producto/servicio diferencial espectacular, un buen equipo de ventas es capaz de lograr resultados sobresalientes. Sin embargo, como en los deportes, los equipos brillantes no abundan ni son consecuencia de un proceso espontáneo.

Hablando de emprendimiento y mediana o pequeña empresa, normalmente el vendedor es el mismo emprendedor y cuando este tiene éxito, generalmente es por la ambición y la pasión que despierta en el mismo, la idea de que su negocio, resulte. Entonces la pregunta es, ¿cómo podemos desarrollar en los equipos de venta sensaciones parecidas a las que llevaron al emprendedor a poner a flote la compañía?. Según los principios del libro El Poder de los Simple, los cuales comparto plenamente, solo basta con Pagar bien y mantener un desafío constante en los equipos. Suena sencillo pero no siempre lo es.

Pagar Bien: El Modelo de Incentivos Adecuado

Aquí de lo que se habla es de tener el plan de incentivos que motive a la fuerza de ventas a llevar a cabo los objetivos que persigue el modelo de negocio. Para mi, el diseño de los Planes de Incentivos de los equipos de Ventas es una tarea indelegable de la cabeza de la empresa pues de aquí se desprende la fuerza conjunta que llevará a cumplir los objetivos de ingresos y márgenes. Si queremos tener a los mejores del mercado jugando para nuestro equipo de ventas vamos a tener que pensar en tener el mejor plan de incentivos del mercado en el que competimos y la remuneración promedio de nuestro equipo debe estar por encima de la del mercado, aunque no necesariamente la más alta.

Un buen plan de incentivos implica también la necesidad de tener las herramientas tecnológicas de seguimiento a la gestión comercial para que los mismos equipos se puedan autocontrolar. Un buen plan de incentivos minimiza la necesidad de supervisores y burocracia en los equipos comerciales.

Si su modelo de negocio no tiene la capacidad de generar un margen suficiente para tener una fuerza de ventas bien remunerada, es hora de replantearlo todo y buscar el margen para hacerlo. De lo contrario, el modelo de negocio está condenado a entrar en un circulo vicioso del que será muy difícil salir después.

Mantener Permanente Desafiado y Motivado al Equipo

Las fuerzas de ventas deben tener alimento para seguir adelante, deben sentir que tienen las herramientas y la semilla correcta para iniciar el cultivo. Es como en los deportes, las fuerzas de ventas necesitan tener claro el esquema de juego (estrategia), el objetivo (meta),su capacidad para jugar (entrenamiento). No se trata simplemente de poner una meta, un plan de incentivos y salga a buscar clientes.

Toda la organización debe soportar al equipo de ventas para la consecución de la meta.

Algunos equipos de venta son exitosos porque dominan los diferenciales de producto/servicio, otros lo son, porque prestan un excelente servicio y basan sus relaciones en actitud; otros, porque son persistentes en conseguir sus objetivos, otros porque simplemente tienen el mejor producto al mejor precio, en cuyo último caso el enfoque de la empresa no deberían ser las ventas sino el mantenimiento de dicha ventaja competitiva.

En la Pequeña y Mediana empresa el emprendedor está llamado a dirigir los equipos de ventas y en transmitir esa pasión en todos los miembros. No hay que gastar mucho dinero en cursos de consultores expertos, hay que tener claros los diferenciales, pagar bien y mantener la moral arriba.

Frente al manejo de los equipos de ventas diré lo último, basado en el mismo libro del Poder de los Simple: **Primero quien y después que**. Asegúrese de rodearse de la gente correcta. Ojalá sean mejores que usted y tengan la capacidad de debatir constructivamente. Uno es el equipo que tiene.

TÉCNICAS DE VENTAS: NEUROVENTAS
¿Funciona?

En el mundo empresarial tendremos que convencer muchas veces a los demás de nuestras ideas o productos: inversionistas, clientes y proveedores. El arte de transmisión una idea de una manera poderosa y persuadir a los demás de hacer algo o de tomar una decisión es lo que comúnmente se llama el arte de vender. Arte, cuya habilidad muchos dicen no tener, pero que es una competencia necesaria para la mayoría de escenarios de la vida cotidiana de cualquier persona y particularmente del empresario.

Si partimos dando por hecho que la idea, producto, servicio que estamos ofreciendo a otros, es razonablemente bueno; la habilidad del vendedor consiste en entender muy rápidamente a su potencial cliente a través de preguntas que le permiten inferir en que momento de su vida está, cuales son sus principales intereses y necesidades y quizás hasta sus aspiraciones. Un buen vendedor será capaz de conectar dichos intereses del cliente con los atributos del producto/servicio para tratar de disparar en el cliente ese "químico en su cerebro" que lleva a un cierre de venta efectivo.

No solo se trata de conectar los atributos del producto con las emociones del cliente, los mejores vendedores también perciben y entrenan cual es el mejor lenguaje para comunicarlos.

Esto es lo que los consultores modernos denominan Neuroventas. Los expertos han desarrollado teorías y estudios científicos para determinar las palabras claves que conectan los atributos de los productos con el cerebro de las personas y los químicos que se liberan cuando se escucha lo que se quiere escuchar. Creo que para algunas industrias podría valer la pena tomar algunos entrenamientos sobre Neuroventas, cuando se desea nivelar las habilidades de las fuerzas de ventas; sin embargo, sigo pensando que esto es simplemente un ejercicio intuitivo que debe ser entrenado.

La experiencia de ir a comprar un carro con su esposa y la habilidad de algunos vendedores para hablarle a usted de las capacidades del motor y a su esposa de todo lo que podría vivir y disfrutar en este carro, exhiben mejor el concepto de una buena técnica de Neuroventas.

En cualquier caso, los mejores emprendedores son también en la mayoría de los casos los mejores vendedores, sean por talento innato, por que se han tomado en serio entrenar su técnica de ventas o por ambas al mismo tiempo.

CONCEPTOS DE VENTA A TRAVÉS DE CANALES NO PRESENCIALES (DIGITAL, CENTRO DE CONTACTO TELEFÓNICO)

Como se ha hablado en otras partes de este texto, la revolución digital ha abierto nuevas oportunidades para que cualquier persona pueda ofrecer sus productos y servicios sin la necesidad de un acceso a medios masivos de comunicación. Las redes sociales, los buscadores y los medios de comunicación digitales como blogs, prensa, emisoras, entre otras, han generados nichos de mercado específicos a los que se puede acceder con inversiones alcanzables.

1. **Si usted considera que lo que vende es algo que se busca por internet:** en este caso lo suyo es el mercadeo digital Inbound. Cada vez que una persona busca algo en google o cualquier otro buscador, algo relacionado con su negocio, usted debería aparecer en esta búsqueda. Se trata de hacer todos los esfuerzos para aparecer entre los primeros, máximo en tercera posición, no más allá. Ejemplos de servicios que funcionan bien con este método, son los de plomería, cerrajería, etc. Productos que no se encuentren en las grandes superficies o muy específicos, funcionan mejor. Los buscadores generalmente cobran por clic; y como Google nunca pierde, entonces usted debe asegurarse que el costo de cada Clic se recupere con los clientes que deciden comprar en su sitio WEB.

   Es así de simple: si para vender un producto/servicio usted necesita que 10 personas hagan clic y el costo por clic es de $1.000; entonces su costo de promoción es de $10.000. Las preguntes que surgen aquí son 2:

   a. *¿Cómo hago para aparecer en más búsquedas?* Generalmente el mercado es finito, es decir, las personas que hacen búsquedas relacionadas con su producto son estadísticamente estables. Revise con su agencia de Mercadeo

Digital como aumentar su cuota sobre ese mercado de consultas y cuanto le costaría.

b. *¿Cómo hago para que más clientes potenciales ingresen a mi sitio WEB?* Aquí todo es comunicación. Aprenda a ser concreto y explicar sus diferenciales en pocas palabras.

Este canal puede ser el más costoso pero el de mayor efectividad puesto que los potenciales clientes ya tienen una necesidad. Google lo sabe.

2. **Si usted considera que su producto/servicio debe ser escuchado por muchas personas del segmento que usted eligió:** el mecanismo de promoción deben ser las redes sociales. En este caso la gente no lo está buscando sino que usted infiere que para cierto grupo de personas su anuncio o la información de sus productos/servicios, puede ser relevante. Típicamente, los productos que tienen características innovadores deben anunciarse por este tipo de medios. Las redes sociales pueden cobrar por anuncio mostrado en los muros o estados, o por clic (cuando se sigue el link). Así como el ejemplo anterior, para determinar su costo de promoción debe conocer cuantos clientes compran en relación con la cantidad de anunciados publicados. Todo se trata del poderío en la comunicación.

3. **Si usted considera que su producto/servicio es lo suficiente bueno y masivo como para que muchas personas lo conozcan:** Su mecanismo de promoción deben ser los medios de comunicación digitales y probablemente plataformas como Youtube. Más que un canal de ventas, este tipo de medios se orientan a comunicar; con lo cual, el despliegue de una estrategia de venta digital de principio a fin tiene pocas probabilidades de recuperar las inversiones realizadas. Hay excepciones, pero son pocas. Estos medios de promoción generalmente se utilizan para productos de Consumo Masivo (Comida, Aseo, Vehículos, Educación Superior, entre otros) que los clientes puedan encontrar incluso en canales de venta diferentes al digital.

Los Sitios WEB de Ventas (Comercio Electrónico) y Bienvenida a Clientes (Landing Site).

Cuando la estrategia de promoción y comunicación digital comienza a tener éxito, la siguiente pregunta es: ¿Qué debo hacer para que los clientes que ingresan a mi sitio WEB terminen comprando? Esta es la ciencia de la experiencia de cliente en la navegación de una página web, puesto que este sitio virtual es donde los clientes finalmente deciden comprar nuestros productos o deciden dejar sus datos para ser contactados porque la oferta realmente es de interés para ellos.

En el caso de los sitios de comercio electrónico, se trata de que todas las opciones de productos/servicios estén disponibles para el cliente y ubicadas en el sitio correcto, de comunicar de manera poderosa, de utilizar todos los medios audiovisuales disponibles para apoyar o soportar su oferta y de hacerle la vida fácil a los clientes con procesos simples. Generalmente es preferible recibir apoyo. El emprendedor o empresario, no puede ser experto en todo (excepto que su negocio sea una agencia de Mercadeo Digital).

Existen muchas metodologías para la medición de la efectividad y usabilidad de una pagina WEB. Enfóquese en lo más relevante: la conversión. La conversión se refiere a la tasa que representa la relación entre los clientes que compraron comparados con los clientes que ingresaron a su página. Siga con obsesión este indicador y revisa hacia atrás en el proceso comercial en donde puede hacer ajustes para mejorar la efectividad de su embudo comercial.

Exija siempre planes de mejoramiento a su agencia de mercadeo digital o si lo hace usted mismo, enfóquese en probar continuamente diferentes campañas y formas de contar la historia de los productos/servicios que usted ofrece al mercado.

Lastimosamente, la historia no termina aquí. Todavía los consumidores de muchas industrias no están totalmente preparados para comprar completamente On-Line. En muchos productos y servicios será necesario pedir a los clientes interesados sus datos personales para continuar con el proceso de venta; este tipo de sitios Web suelen llamarse sitios de aterrizaje de clientes o Landing Site.

El continuar con el proceso de venta después del registro de un cliente, generalmente incluye procesos de asesoría o de cierre de venta con mayor interacción humana, que se ejecutan a través de mensajería instantánea, telemercadeo o incluso en algunos casos presencialmente; y es aquí cuando el mundo digital nuevamente rebota al mundo de carne y hueso de las ventas.

Ventas a través de Centro de Contacto Telefónico

Mucho se ha hablado sobre este tema, pero poco se ha escrito. Importantes industrias han basado su crecimiento en este canal de ventas; corredores de bolsa, bancos, aseguradoras, fabricantes de computadores y periféricos entre otras.

Casos memorables como el de Dell en los años 90 cambiaron por completo las reglas tradicionales de una industria, al dirigir todas sus estrategias de marketing a un Contact Center de Ventas

El despliegue de compañías especializadas en ejecutar campañas de telemercadeo ha sido enorme en todas estas industrias y aunque se han dado avances en modelos de análisis de los datos para mejorar la efectividad, todos recibimos cantidad de llamadas inoportunas de todas partes ofreciendo múltiples productos y servicios que no necesitamos.

La efectividad en las ventas de canales como el Call Center depende fundamentalmente de dos variables: 1. Pertinencia del Producto, 2. Oportunidad del Contacto

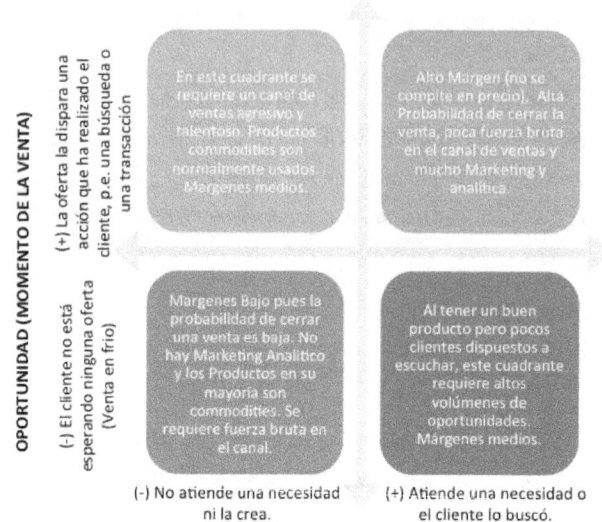

Podemos ver en esta matriz que los clientes interesados en el producto/servicio y que se han registrado en la página web, estarían esperando nuestra llamado, con lo cual el llamado de contacto seria oportuno y el producto/servicio teóricamente es pertinente, pues de otra forma el cliente no se hubieran registrado.

Otro ejemplo puede ser un cliente que acaba de comprar un paquete turístico para viajar con su familia, y su banco máximo al siguiente día lo llama para ofrecerle un Seguro para Viajeros. Aunque el cliente no está esperando propiamente la oferta de un producto como este, el producto es pertinente y el momento es oportuno.

De lo anterior se debe concluir que si vamos a utilizar este tipo de canales de ventas, debemos siempre tratar de ser lo más oportunos en el momento de realizar la oferta y pertinentes con el producto a ofrecer.

¿CÓMO SE HACE UN PRESUPUESTO DE VENTAS?

En términos de presupuestos de ventas, todo se resume en el embudo de oportunidades. Cuando ponemos algo de sentido común entendemos que un buen presupuesto de ventas simplemente requiere entender el negocio. Dos ejemplos para ilustrar como se construye el presupuesto de ventas.

Ejemplo 1

¿Cuántos clientes potenciales van a saber de mi producto o servicio ya sea porque ellos me buscan o yo busco que ellos me escuchen? A esto le llaman oportunidades.

¿Cuántos de esos clientes que escucharon de mi producto/servicio, se interesaron por escuchar la propuesta de valor que tengo para mostrar? A esto le llaman prospectos.

¿Cuántos de esos prospectos deciden adquirir lo que vendemos? Clientes

¿Cuánto dinero decidieron gastar en nuestro producto/servicio? Los consultores le dicen ticket promedio o valor de la compra promedio.

¿Cuántos de los clientes actuales deciden comprarme nuevamente el mismo producto/servicio u otro nuevo de mi línea? Le dicen Cross Sell (Venta Cruzada)

Ejemplo 2

¿Cuántas personas pasan diariamente por el frente de mi negocio? Oportunidades

¿Cuántas entran a mi negocio diariamente porque les llama la atención mi vitrina? Prospectos.

¿Cuántos deciden comprar mis productos o servicios diariamente y porque valor?

¿Cuántos de los clientes actuales deciden comprar nuevamente porque lo que compraron anteriormente les gustó o recibieron un muy buen servicio? Tasa de recompra o venta cruzada.

Dependiendo la industria los más técnicos cruzaran una variable de las anteriormente explicadas con otra y crearán términos bastante sofisticados, como es el caso de: clientes que compraron vs. Oportunidades = Tasa de conversión; o muchas otras más. Usted como emprendedor solo debe saber cuantas oportunidades va a crear en cada periodo de tiempo y cuantas espera cerrar y con que precio. Eso es todo.

El tiempo le irá dando la experiencia de como se mueven estadísticamente las tendencias en su negocio. La reflexión y el debate permanente con su equipo de trabajo o su agencia de Marketing Digital lo irá llevando a preguntarse que podría hacerse para mejorar o cambiar dichas tendencias.

De eso se trata la dirección de un negocio y ahí es cuando esto se pone interesante; es algo así como tener al frente los tableros de mando de un avión y ver como las decisiones que se van tomando a través del accionamiento de los comandos van articulando el rumbo del negocio.

Los resultados no sucederán de un momento a otro, pero como en los equipos deportivos apropiadamente dirigidos y con talento, los resultados se van a dar.

SOBRE EL PRECIO, ¿VOY A COMPETIR POR PRECIO?

Mejor definición:
El precio es lo que sus clientes pagarán por su producto. Plubio SIRO.

Antiguamente se creía que el precio lo ponía el departamento de producción y el departamento financiero, incluso se escribieron muchos libros al respecto y esto era una materia obligada en las facultades de administración. Hoy por hoy, y más en el mundo digital, el precio lo definen los mercados, es decir, el cliente.

Vender a bajo precio no tiene ciencia, es más, ni siquiera resiste un equipo de ventas. Si va a competir por precio bajo, lo mejor es que esté preparado a tener los menores costos de producir. Tarde o temprano le van a llegar.

Si va a competir con un precio alto es porque tiene un producto excepcional o el mejor servicio.

Si va a competir con precios promedios de mercado y tiene un producto/servicio estándar, debe asegurarse de tener la mejor fuerza de ventas y la mejor estrategia de comunicación.

En mercados maduros o si usted va a ingresar a un mercado donde ya se sabe lo que cuestan las cosas, no espera que los clientes le paguen más a usted. Trate de igualar y tener un diferencial en servicio.

¿QUÉ ES LO QUE SE DEBE MEDIR EN UNA EMPRESA?

Estamos inundados de información. Las redes sociales, noticias, mensajes instantáneos son ladrones de tiempo que a veces nos desenfocan de los objetivos. El tiempo es la variable más preciada para un empresario y es por eso que se deben elegir cuidadosamente los indicadores de gestión que se deben seguir en un negocio, no importa su tamaño.

Vamos a definir un numero máximo de 5 indicadores para controlar la ejecución estratégica de un negocio, está comprobado que tener más, es imposible de controlar. Demasiado complejo:

1. Ventas: Valor de las ventas del periodo / Presupuesto de Ventas (y Vs. Periodo anterior). Valor promedio por venta del periodo.
2. Conversión Ventas: Número (o valor) de Ventas en el periodo (normalmente conviene separar entre clientes nuevos y antiguos) / Número (o valor) de oportunidades en el periodo.
3. Eficiencia Promoción: Costo de Promoción + Costo de Ventas Periodo / Valor de las Ventas del periodo.
4. Finanzas: Costo de Producción/ Valor Ventas. Costos Fijos / Valor Ventas Periodo
5. Servicio al Cliente: Nivel de recomendación o satisfacción de los clientes que utilizaron nuestros servicios (Normalmente entre 1 y 10). Ojo con los promedio, se deben hacer los rompimientos de las cifras para entender la realidad.

Normalmente el seguimiento de estas variables debería darle control del negocio y entender las cuestiones más importantes. Sin embargo, nada mejor que usted mismo vaya y pregunte a sus clientes y fuerzas de ventas como se sienten. Esta forma es y seguirá siendo el termómetro más preciso de como va su negocio.

Explotar el detalle de los datos que producen las empresas, es actualmente muy tentador y hay muchos consultores por ahí tratando de vender proyectos complejos de Inteligencia de Negocios.

Decida únicamente estar informado de lo esencial con las soluciones informáticas más simples posibles y dedíquese a proteger y/o crear diferenciales para su negocio.

ECOSISTEMAS DE SERVICIOS

Este es un concepto que esta tomando y fuerza y estoy seguro que se mantendrá en el futuro y consiste en que las empresas no deben ser únicamente proveedores del producto que ofrecen sino que deben ofrecer un entorno de servicios complementarios relacionados con el producto principal, que motiven una interacción permanente del cliente durante el ciclo de vida del producto y que hagan que la posibilidad de recompra o la lealtad del cliente se multiplique.

Imagine que un vendedor de camisas, entregue a sus clientes de manera periódica las tendencias en colores, cuellos, puños y botones y las ultimas tendencias en combinación de prendas tanto casuales como formales. Que además, lo invite a visitar comercios aliados con una serie de descuentos para complementar sus camisas. Ese vendedor de camisas se puede convertir en el asesor de moda del cliente. ¿Comprará ese cliente de nuevo?

El mundo digital abre esta y muchas posibilidades más para buscar ser un aliado de por vida de nuestros clientes y no solo un proveedor aislado, basados en la prestación de servicios integrales a través de Ecosistemas.

Es bueno pensar en este tipo de ideas, pues un buen Ecosistema podría en algunas industrias convertir un producto tradicional es un producto diferenciado.

CONCLUSIONES

Si usted resuelve la Estrategia, el Mercadeo y las Ventas de su negocio, los problemas que quedan son, "problemas de ricos": Administrar y Operar. Administrar y operar no son los objetivo de este libro, para eso están las costosas Universidades y las Escuelas de Negocio amigos!!

www.ingramcontent.com/pod-product-compliance
Lightning Source LLC
Chambersburg PA
CBHW070942220526
45469CB00007B/2478